RECUEIL

DE

MOTETS

Composez par P. BOURGY,
Maître de Musique
de Chartres.

V. 2689
B

A CHARTRES,

Chez ESTIENNE MASSOT Imprimeur
& Libraire du Roy & de Son Alteſſe Royale.

M. DC. XCIII.
Avec Permiſſion.

À MADAME

DE MAINTENON.

Madame,

J'ose vous presenter ce Recüeil de Motets : ils sont tous tirez de la sainte Ecriture, il n'y a de moy que les liaisons, l'arrangement & le dessein. Les bontez dont vous honorez la Ville de Chartres, & la vénération singuliere que vous avez MADAME, pour une des plu célébres, des plus magnifiques & des plus anciennes Eglises d la Chrêtienté, m'ont inspiré l desir de vous les offrir ; vôtr pieté seule m'en donne la har diesse. Je m'estimeray fort heu reux si vous me faites l'honneu de les agréer , aussi bien que l tres-profond respect avec leque je suis,

MADAME,

Vôtre tres-humble & tres-obéissan serviteur P. BOURCY Maîtr de Musique de Chartres.

MOTETS

DU

S. SACREMENT.

MOTETS

Chantez à Chartres à la Procession
DU S. SACRÉMENT
Le 16. Iuin 1689.

PREMIERE STATION.

VÉNEZ, Anges venez enrichir nos Autels
De vos couronnes les plus belles,
L'Epoux vient nous donner le pain des immortels.

ET VOUS, Ames fidelles,
Preparez-vous en cet Auguste jour
A recevoir ce pain de vie,
C'est Dieu-même sous cette Hostie
Qui vient nous enyvrer de son plus pur amour.

IN SOLEMNITATE
CORPORIS CHRISTI
MODULI,

In Urbe Carnot. anno Dom. 1689. decantati.

PRIMA STATIO.

ADESTE Angeli,
Ornate aras,
Ornate coronis aureis;
Ecce sponsus venit
Ad epulandum cum amicis suis.
ADESTE dilecti,
Parate animas,
Parate vos ad dapes salutis;
Ecce Deus venit;
Ut vos reficiat sui nectare amoris.

SECONDE STATION.

O PRECIEUX Banquet, ô festin admirable,
Où le comble des biens se presente à nos yeux,
Où par un miracle adorable
L'homme est rassasié d'un pain délicieux !
Que ta douceur est grande & qu'elle est salutaire
Aux cœurs bien penetrez de ce sacré Mistere,
O Banquet precieux !
Dieu décend aujourd'huy de son Trône suprême
Pour venir se donner luy-même,
Et répandre sur nous les delices des Cieux.

SECUNDA STATIO.

O PRETIOSUM & admirandum convivium
In quo altitudo divitiarum invenitur :
Plenitudo divitiarum percipitur !
Quam immensa
Quàm salubris est illa dulcedo
Quâ replentur animæ amantes ?
O pretiosum & admirandum Convivium
In quo Christus sumitur,
Et anima inebriatur
Cœlesti torrente voluptatis.

TROISIE'ME STATION

AME pechereſſe approchez,
Venez à la ſource de vie
Vous laver de tous les pechez
Qui depuis ſi long-tems vous tiennent aſſervie :
Venez le cœur contrit, pleine d'humilité,
Du Ciel en cet état on n'eſt point rebuté :
Joignez une foy vive à vôtre confiance ;
Jettez vers vôtre Dieu vos amoureux ſoûpirs :
Tout flatte icy vôtre eſperance ;
Sa grace remplira vos plus ardens deſirs,
Et dans quelques malheurs où vous ſoyez plongée
Aymez & ſoûpirez, vous ſerez ſoulagée.

TERTIA STATIO.

ACCEDE anima peccatrix,
Accede ad fontem salutis,
Accede contrito corde,
Cor contritum Deus non despiciet,
Accede fide vivâ
Accede cum fiducia,
Suspira, ama,
Gratia amantem excipiet,
Quolibet morbo fueris gravata,
Suspira, ama,
Accede, restitueris.

QUATRIE'ME STATION

ENTRE les flâmes de l'amour,
    Et les tristes sanglots d'une douleur extrême
Je soûpire pour vous, ô mon Dieu, nuit & jour,
En tous lieux je vous cherche, Epoux sacré que
       j'ayme

Pour calmer mes desirs & me rendre content.
      Daignez une fois seulement
Dire à mon cœur ; Je suis ton salut & ta vie,
      Et je mourray l'ame ravie.

QUARTA STATIO.

INTER flammas amoris,
  Et lacrymas doloris
  Ad te suspiro,
  Dilecte mi !
  Te requiro,
  O sponse mi !
Unam petij à te, hanc requiram,
  Dic animæ meæ :
  Salus tua ego sum,
Dic semel & gaudens morior.

CINQUIE'ME STATION.

PROSTERNEZ-VOUS amis fidelles,
    Que vos cœurs soient saisis d'une sainte frayeur,
Celuy qui fait trembler les troupes immortelles,
Et qui dans les enfers imprime la terreur,
        Dieu luy-même dans cette hostie
        Vient se manifester à nous ;
Sous ce voile est caché l'auteur de nôtre vie,
Devant ce Roy des Roys fléchissez les genoux :
        Que cette verité constante
        Confonde nos raisonnemens :
Où nôtre esprit se perd que nôtre amour s'augmente,
Et que la foy supplée au défaut de nos sens.

QUINTA STATIO.

FLECTITE genua fideles,
Obstupescite, timete ;
Quem tremunt Angeli :
Quem fremunt inferi ,
Hac in hostia præsentem
Deum agnoscite.
Hac in nube latentem
Regem Regum adorate,
Subveniat veritas ubi hæret ratio,
Cor ferveat in quo mens languet,
Quibus sensus deficit, reficiat fides.

Sixiéme & derniere Station:

FAISONS retentir ce lieu
D'une sainte allegresse,
Réjoüissons-nous sans cesse
De la présence de Dieu.
Que sous ce pain sacré par tout soit revérée
Son Auguste Majesté,
Et qu'elle y soit adorée
Jusques dans l'éternité.
　　　　　Ainsi soit-il.

Sexta & ultima Statio.

IN voce exultationis
Resonet vox epulantis,
Lætentur animæ fideles
Dei sui præsentiâ.
Adorent Deum omnes gentes
In salutari hostia;
Et psallant nomini ejus
Iu sempiterna sæcula

Amen.

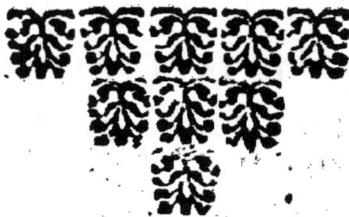

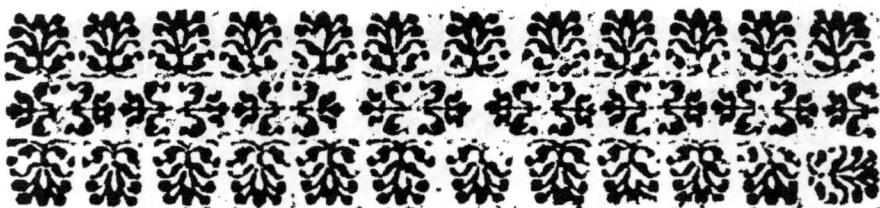

MOTETS
Chantez à Chartres à la Procession
DU S. SACREMENT
L'année 1690.

PREMIERE STATION.

PEUPLES venez en foule adorer vôtre Dieu
Et vous remplir de ses lumieres,
Avec un cœur contris approchez de ce lieu,
La source des eaux salutaires
Vous est ouverte en ce beau jour,
Venez vous y combler & de joje & d'amour.

IN SOLEMNITATE
CORPORIS CHRISTI
MODULI,

In Urbe Carnot. anno Dom. 1690. decantati.

PRIMA STATIO.

VENITE populi,
Accedite & illuminamini,
Venite omnes in animo contrito,
Accedite ad aram salutis,
Et haurietis aquas in gaudio
De fontibus Salvatoris.
Alleluya.

SECONDE STATION.

QVE d'une sainte horreur fremissent les mortels,
Sous un voile sacré la Majesté suprème
Repose dessus nos Autels.
Tremblez, c'est le Seigneur luy-même
Qui veritablement reside dans ce lieu ;
Que ce lieu Saint est redoutable !
Qu'il est auguste, & qu'il est adorable !
C'est la porte du Ciel & la maison de Dieu.
Regardons-y sa justice avec crainte,
Avec amour implorons sa bonté ;
Et pénetrez d'une foy vive & sainte,
D'un cœur plein de sincerité
Adorons la Divinité.

SECUNDA STATIO.

OBSTUPESCITE, pavete.
In nube apparet majestas & gloria Domini :
Timete, & admiramini.
Verè Dominus est in loco isto.
Quam terribilis est locus iste !
Verè non est hîc aliud nisi domus Dei,
Et porta cœli.
Justum in timore,
Bonum in amore,
Deum in fide
Sincero corde adorate.
Alleluya.

TROISIEME STATION.

CE n'est plus le tems des figures ;
    Ce que representoient les saintes Ecritures
        S'accomplit en cet heureux jour.
Le Ciel répand sur nous une manne nouvelle ;
Voicy, voicy le pain de la Celeste Cour,
Qui seul nous peut donner une vie immortelle.
O manne precieuse ; ô vray pain des Eleus !
Divin restaurateur de nos cœurs abatus ,
        Venez vivifier nos ames ;
Chassez de nos esprits toute erreur sans retour,
Et par un doux rayon de vos Divines flâmes,
Faites revivre en nous le feu de vôtre amour.

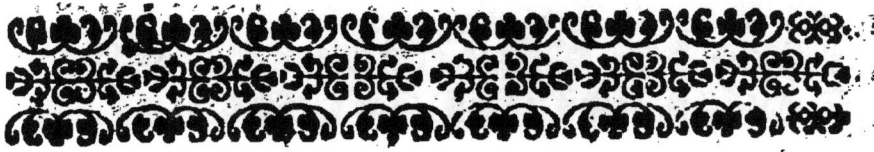

TERTIA STATIO.

RECEDANT vetera ;
Nova fint omnia.

Labitur è cœlo manna novum :

Ecce, ecce panis Angelorum.

Qui vult vivere habet undè vivat.

O manna pretiofum !

O panis Electorum,

Qui noftras animas divinè reficis !

Mentes noftras vivifica

Luminis tui radio,

Et cor noftrum recrea

Tui amoris incendio.

QUATRIE'ME STATION.

Dialogue entre le Sauveur &
l'Homme.

L'HOMME.

JE viens à vous, Divin Sauveur,
Avec une humble confiance ;
Pour implorer vôtre clemence.

LE SAUVEUR.

Viens, mon fils, joüir du bonheur
Que t'offre la source de vie.
Ma tendresse, qui t'y convie,
De mes embraſſemens y joindra la douceur.

L'HOMME.

Je vous ayme, ô mon Dieu, je brûle, je soûpire,
Je sens un nouveau feu que vôtre amour m'inspire,
Quand vous daignez ainsi répondre à mes desirs.

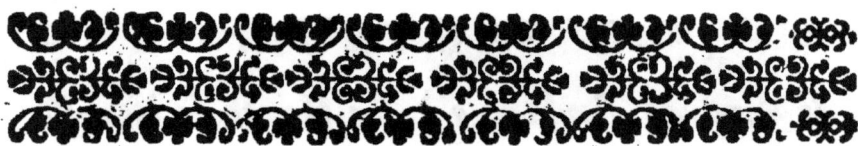

QUARTA STATIO.

Dialogus Jesum inter & Hominem.

HOMO.

ACCEDO ad te, mî Jesu,
Pater misericordiæ,
Accedo cum fiducia.

JESUS.

Accede, fili mî,
Ad fontem vitæ,
Accede ad Patris oscula.

HOMO.

Amo, uror, suspiro,
Reflorescit caro mea,
Ut te sentio.

LE SAUVEUR.

Je te rendray semblable à l'aigle en sa jeunesse.

L'HOMME.

Pour un si grand excez de bonté, de tendresse,
Pour tout ce que je sens de celestes plaisirs,
　　Seigneur, que pourray-je vous rendre ?

LE SAUVEUR.

Mon fils.

L'HOMME.

　　　Divin Sauveur.

LE SAUVEUR.

Je ne veux que ton cœur.

L'HOMME.

Il est tout prêt ce cœur, si vous daignez, le prendre;
C'est un bien que jamais il n'aura mérité.

LE SAUVEUR & L'HOMME.

Qu'il brûle tout entier, & se reduise en cendre
　　Par les feux de la charité.

JESUS.

Renovabitur, ut aquilæ, juventus tua.

HOMO.

Quid retribuam tibi, ô bone Jesu !
Pro omnibus quæ tribuisti mihi ?

JESUS.   Fili mî.

HOMO.   Jesu mî.

JESUS.

Præbe mihi cor tuum.

HOMO.

Paratum cor meum, Deus, paratum cor meum,

Accipe illud in holocaustum.

JESUS & HOMO.

Totum ardeat, & consumatur flammâ charitatis.

Cinquiéme & derniere Station.

Cantique en action de graces.

QUE la joye en nos cœurs pleinement se répande,
Et que de toutes parts icy-bas on entende
Des chants d'allegreße & d'amour :
Dieu parmy nous fait son séjour.

Ayons, pour l'adorer, un cœur droit & sincère :
C'est de tous les encens le seul qui luy peut plaire.
Bien-aymez du Seigneur, vous qui dans sa maison
Mêlans vos voix au chœur des Anges,
Nuit & jour chantez ses loüanges,
Exaltez, avec nous la gloire de son Nom.

Que de biens nous goûtons à sa divine Table !
C'est une source inépuisable
De graces & de volupté.

Chantons à haute voix le mistére adorable
Qui doit nous rendre heureux à toute éternité.

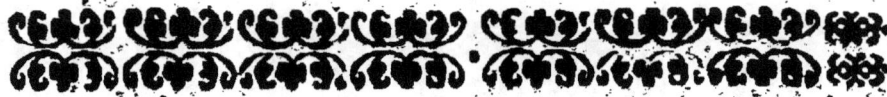

Quinta & ultima Statio.

In gratiarum actionem Canticum.

EXULTET cor meum in Domino : lætetur anima mea in salutari suo.

Laudent nomen ejus qui recti sunt corde : rectos decet collaudatio.

Qui statis in domo Domini : magnificate Dominum mecum , & cantemus :

Quàm magna multitudo dulcedinis tuæ, Domine, quam abscondisti edentibus te !

Implentur ab ubertate mensæ tuæ : & torrente voluptatis illos inebrias.

Magnificate Dominum mecum : & exaltemus nomen ejus in æternum. Amen.

D

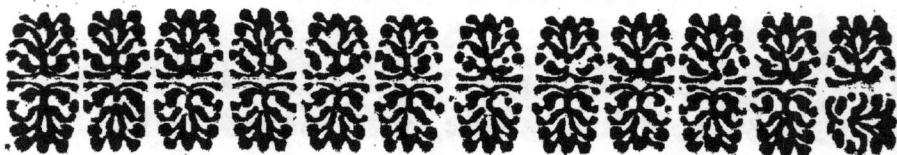

MOTETS.

Chantez à Chartres à la Procession

DU S. SACREMENT

L'année 1691.

PREMIERE STATION.

FAITES retentir l'air de sons harmonieux;
Trompettes, rassemblez & la terre & les
Cieux:

Dieu paroît. Annoncez ce glorieux mistére :
Ce Dieu de majesté, que par tout on révére,
Qui fait tout le plaisir du séjour bien-heureux,
Le voicy qui veut bien se monstrer à nos yeux.
Elevons-luy nos cœurs, & chantons ses loüanges;
Rendons-luy nos devoirs les plus respectueux;

Et prosternez comme les Anges,
Tâchons de l'adorer comme eux.

IN SOLEMNITATE
CORPORIS CHRISTI
MODULI

In Urbe Carnot. anno Dom. 1691 decantati.

PRIMA STATIO.

CANITE tuba, vocate cœtum,
Congregate populum;
Ecce apparet cœlorum amor & gloria:
Surſum corda.
In quem deſiderant Angeli proſpicere
Deus majeſtatis Chriſtus adeſt.
Præoccupemus faciem ejus,
Et procidentes cum adoremus
Allelhya.

SECONDE STATION.

Acte de foy & d'humilité.

AUGUSTE présence de Dieu;
  Qui nous cache dans ce bas lieu
Les rayons éclatans de sa brillante gloire;
Que suis-je prés de vous, Divine Majesté,
    Pour être dans vôtre memoire?
Vous voulez dans l'excez de vôtre charité,
    Que mon cœur vous ayme & vous loüe,
    Que suis-je, helas! qu'un peu de boüe,
Qu'un simple vermisseau, qui ne peut rien de soy?
Quel besoin avez-vous, Seigneur, de ma misere?
    Est-il rien de si bas que moy?
Cependant animé d'un cœur humble & sincére,
J'ose vous approcher dans ce sacré mistére,
    Plein de confiance & de foy.

SECUNDA STATIO.

Actus fidei & humilitatis.

O DIVINITATIS occultæ
Adoranda præfentia !
O Majeftas infinita !
Quid fum ego, quod memor es mei ?
Quid tibi fum, ut laudari te, & amari jubeas
à me ?
Nûmquid laudabit te vermis ?
Numquid confitebitur tibi pulvis ?
Fecifti nos ad te, & nullius indiges,
Confufus, fed fide plenus,
Indignus, fed humilis corde
Accedo.

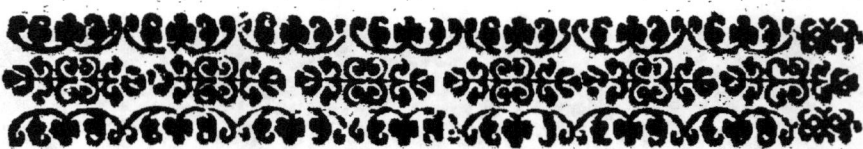

TROISIE'ME STATION.

Acte de Contrition.

QU'AY-JE fait, ô mon Dieu ? j'ay peché contre vous,

    Indigne enfant d'un si bon pere ;

Je ne puis éviter vôtre juste colere ;

Frapez, Seigneur, j'attens vos salutaires coups.

    Satisfaites vôtre justice.

Dé-jà mon ame en proye aux plus vives douleurs,

Voit en elle les maux qui causent ses langueurs ;

Elle y va succomber, si vous n'êtes propice ;

    Guérissez-là, Divin Sauveur ;

Vôtre seule pitié peut nettoyer mon cœur

Des crimes qui sans cesse augmentent ses allarmes.

Je déteste à jamais son infidelité.

Daignez changer mes yeux en un torrent de larmes,

Pour effacer l'horreur de mon iniquité.

TERTIA STATIO.

Actus Contritionis.

PECCAVI, Domine, peccavi in te;
Jam non fum dignus
Vocari filius tuus.
Percute pectus meum falubri vulnere,
Percute, & fanabitur.
Deficit in dolore anima mea;
Habet enim quæ offendant oculos tuos.
Munda cor meum, fana animam meam;
Tu folus potes.
Da oculis meis fontem lacrymarum,
Donec aquis amariffimis deleatur
iniquitas.

QUATRIÈME STATION.

Acte d'Esperance.

CESSE de t'affliger, mon ame ;
Prens courage, espere au Seigneur :
Sa grace prévient le pecheur
Qui sincerement le reclame.
Sois ferme à soûtenir ses coups,
Son excessif amour est le salut de tous ;
Du foible il rétablit la vigueur amortie ;
L'affligé trouve en luy sa consolation,
Le malade sa guérison,
Le mourant y trouve la vie.
C'est ainsi que pour nous il ne néglige rien.
O mon Dieu, vous serez toute mon esperance ;
J'ay recours à vôtre clemence,
Qui va faire ma joye & mon unique bien.

QUARTA STATIO.

Actus Spei.

CONFORTARE anima mea,
Spera in Deo:
Sperantem in eum misericordia circumdabit.
Esto robusta, sustine Dominum,
Quem immensus amor,
Efficit omnibus omnia,
Infirmo virtutem,
Tristi solatium,
Morienti vitam;
Ut lucretur omnes.
In te sperabo, Domine, & lætabor in mi-
sericordia tua.

CINQUIE'ME STATION.

Acte de Charité.

QUAND pourray-je arriver au bonheur où
      j'aspire
    Doux JESUS, pour qui je soûpire,
Source du vray repos, objet de tous mes vœux,
    En qui seul je sens que mon ame,
    Dans l'ardent amour qui m'enflâme,
Se consume d'un feu pur & delicieux.
Tres-aymable JESUS, qu'elle seroit contente,
Cette ame, de vous voir enfin avec vos Saints !
Sa joye & son salut, tout est entre vos mains :
    Rendez sa foy vive & constante ;
    Et pour toute felicité,
Faites qu'êtant unie à vôtre charité,
Par avance icy-bas en vous elle ressente
Le celeste plaisir de l'immortalité.

QUINTA STATIO.

Actus Charitatis.

QUIS mihi dabit acquiescere in te,
    O dulcissime JESU?
Te quærunt piæ lacrymæ, & cordis suspiria.
    Sicut cera à facie ignis,
    Ita liquescit anima mea
        Amore tui saucia.
Tu gaudium, tu spes, tu salus mea,
    O amantissime JESU!
Adhæreat tibi, vitæ suæ, anima mea;
Nec possit separari à charitate tui.
    Exultabit in te, & delectabitur
        Super salutari suo.

Sixiéme & derniere Station.

Cantique en action de graces.

IMMORTELS Habitans des cieux,
Benissez avec nous la Majesté suprême ;
Que les Dieux des Gentils fuyent loin de ces lieux,
Où Dieu dans une Hostie a preparé luy même
  Le souverain bien des Eleus.
Vous, qui, déja remplis des plus hautes vertus,
Joüissez en l'aymant d'un bonheur ineffable,
Venez, approchez-vous de sa Divine Table ;
    Vous y trouverez des douceurs
    Que les sublimes grandeurs
Ne répandent jamais au milieu des richesses
C'est aux pauvres souvent que Dieu fait ses largesses
Approchons-nous en tous, d'un cœur affectueux,
Soûmis, humiliez, & pleins d'un nouveau Zele,
Si nous voulons un jour dans la vie éternelle
Le loüer face à face avec les bien-heureux.
        Ainsi soit-il.

Sexta & ultima Statio.

In gratiarum actionem Canticum.

BENEDICITE Deum cœli : sileant à facie ejus omnes Dij gentium.

Præparavit Dominus sollians : ut sanctificaret vocatos suos.

Vos, qui sancti estis Domino, gustate, & videte quoniam suavis est Dominus.

Egebunt divites, & esurient : edent pauperes & famelici saturabuntur.

Laudent Dominum qui requirunt eum in affectu cordis: non colitur, nisi amando, Deus.

In eo lætetur cor nostrum : & exaltetur nomen ejus in æternum.

Amen.

MOTET

POUR LE ROY TRES-CHRESTIEN

LOUIS XIV.

QUE tout ce que tu fais, Seigneur, est ad-
mirable!
Est-il rien qui soit comparable
A l'Auguste Heros que tu nous as donné?
Ta main conduit en lui ce qu'elle a couronné:
Ta grace à ses vœux favorable
Luy sert de bouclier au milieu des combats:
Par elle son grand Cœur s'est rendu redoutable,
Elle seule anime son bras.

PRO REGE CHRISTIANISSIMO

LUDOVICO·XIV·

MODULUS·

QUAM magnificata funt opera tua,
Domine!

Quis umquam vidit huic fimile?

Mififti manum tuam de alto

Super Virum dexteræ tuæ.

Prævenifti eum in benedictionibus dulcedinis:

Dedifti illi clypeum falutis:

Confortafti cor ejus ad bellum,

Docuifti manus ejus ad prælium.

NE l'avons-nous pas veu paraître

Comme un prodige de vertu,

Quand pour tes interests ce bras a combatu,

Ne s'est-il pas rendu le Maître

De tes plus cruels ennemis ?

Leur courage abbatu, leurs Temples démolis

N'ont-ils pas assez fait connaître

Qu'à ton saint Nom, Seigneur, il les avoit soûmis,

L'AVENIR en fera l'histoire ;

Et ne comprendra point tant de faits inoüis ;

Tâchons d'en consacrer aujourd'huy la memoire ;

Et publions par tout qu'on n'a point veu de gloire

Egale à celle de LOUIS.

✤

IDEO tanquam prodigium factus est multis,
Accinctus fortitudine
Bella tua præliatus est.
Subitò defecerunt hostes tui , Domine ,
Dispersi sunt lapides Templi eorum ;
Languet prostrata Hæresis.

✤

QUI nascentur narrabunt
Filiis suis
Quanta fecit Dominus
Regi nostro LUDOVICO.
Cantemus & narremus
Quanta fecit Dominus
Regi nostro LUDOVICO.

F

✦

PRIERE.

SOUVERAIN Protecteur des Roys,
   Qui conduisez LOUIS dans ses fameux
      Exploits,
Seigneur, faites durer une si belle vie,
Protegez ce Heros, comblez-le de vos biens,
Et pour le garantir de la plus noire envie,
Joignez de ses sujets les plus beaux jours aux siens.

✣

PRECATIO.

DOMINE, qui das falutem Regibus,
Salvum fac Regem noftrum LUDOVICUM.
Reple eum longitudine dierum:
Lætetur in falutari tuo.
Exaudi nos in die
Quâ invocaverimus te.

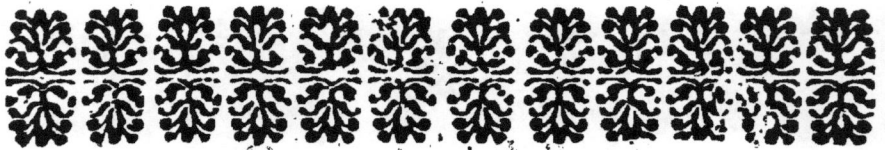

MOTETS
Chantez à Chartres à la Procession
DU S. SACREMENT
L'année 1692.

PREMIERE STATION.

ACCOUREZ au torrent des solides plaisirs,
Venez rassasier vôtre soif devorante;
Un Dieu sensible à vos soûpirs,
Veut rendre la vigueur à vôtre ame mourante.
Venez boire à longs traits une eau réjalissante,
Qui dans l'éternité comblera vos desirs.
Peuples, approchez-vous; sa bonté juste & sainte
Ne vend point ses faveurs:
Un pauvre qui vit sous sa crainte
En peut goûter les celestes douceurs.

IN SOLEMNITATE
CORPORIS CHRISTI
MODULI

In Urbe Carnot. anno Dom. 1692 decantati

PRIMA STATIO.

OMNES fitientes venite ad aquas;
Ecce miferatus in mortem ruentes,
Vitæ fontem Deus aperit.
Venite ad fontem falientis aquæ
In vitam æternam.
Properate; non eft opus pretio:
Mifericordiâ delectabili
Pauperi gratis funditur.
Alleluya.

SECONDE STATION.

QUI pourra célébrer l'effet prodigieux
  Que produit du Sauveur l'amour ingénieux ?
    Celuy, qui lance le tonnerre,
Qui fait d'un seul regard fremir toute la terre ;
    Qui fait trembler les colomnes des cieux,
Pour sauver les humains, volontaire victime,
Vient rougir nos Autels de son Sang précieux ;
Non content, par sa mort, d'expier nôtre crime,
Il nous nourrit encor d'un mets delicieux.
Autre-fois revêtu d'une gloire brillante,
Au milieu des éclairs, sur un mont enflâmé,
    Il fit entendre à son peuple alarmé
      Vne voix foudroyante :
Aujourd'huy son désir est de se voir aymé.
Pour adoucir l'éclat de sa sainte présence,
Et verser en nos cœurs ses biens en abondance,
Sous les dehors du pain ce Dieu s'est enfermé.

SECUNDA STATIO.

QUIS enarrabit adinventiones Dei
noſtri?
Qui reſpicit terram, & facit eam tremere;
Cujus ad nutum columnæ Cœli contremiſcunt;
Ecce portatur agnus ad victimam;
Et quos redemit ſanguine,
Divinis paſcit epulis.

Qui terribili in monte
Deus majeſtatis olim intonuit,
Nunc temperato numine,
Sub panis velamine,
Amat videri;
Et nos caſtis inebriare deliciis.

TROISIE'ME STATION.

A Quel malheur, helas, me vois-je abandonné!
Quels charmes, quels plaisirs verse en un
cœur fidelle,
Du Dieu que j'ay quitté, la bonté paternelle?
Que dois-je faire, infortuné?
Levons-nous : du Seigneur implorons la clemence.
C'est mon seul bien, c'est ma seule esperance:
Oüy, je vais à mon Dieu découvrir ma langueur,
Luy dire les ennuis qui suivent ma misere;
Et blessé d'un trait salutaire,
Luy montrer le fond de mon cœur.
Ah Seigneur! je me sens embrasé d'une flâme,
Qui vers vous seul porte toute mon ame;
Ah! que je benirois mon sort,
Qu'il me paroîtroit plein de charmes;
Si, pour fuir les rigueurs d'une éternelle mort,
Mes yeux se pouvoient fondre en larmes!

TERTIA STATIO.

Peccator resipiscens.

HEU me miserum !
   Quantæ affluunt cœlitùs divitiæ
His qui manent in charitate Dei !
Surgam, & ibo ad Dominum,
Apud quem est substantia mea :
   Cor aperiam,
Et salubri plagâ saucius,
Effundam coram Deo animam.
Quàm intimè jam suspirant ad te præcordia,
   O bone Jesu !
Sic juvat liquescere,
Et in aquas suaviter amaras abire,
   Ne peream.

C

QUATRIE'ME STATION.

SEIGNEUR, dont l'œil perçant lit jusqu'au
fond du cœur,
Devant qui les plus purs ne seront point sans tache,
Détourne tes regards d'un malheureux pecheur,
Qu'à ta sainte justice aucune ombre ne cache.
A chercher nos pechez si-tost qu'elle s'attache,
Qui peut en soûtenir l'effroyable rigueur ?

Dieu des bontez, daigne m'être propice.
Je ne puis, accablé du poids de mes forfaits,
Lever au Ciel mes yeux, y porter mes regrets.

Que ta pitié desarme ta justice,
Quand tu feras tonner tes jugemens affreux :
Je viens pour m'affranchir de ces pechez nombreux,

Où mon ame est ensevelie ;
Vn profond repentir à tes pieds m'humilie.

Jusques à ce moment heureux,
Que tu rendras la force à cette ame affoiblie,
Je t'importuneray de mes cris douloureux.

QUARTA STATIO.

DOMINE, qui nosti cordis abscondita,

Qui justitias judicabis,

Averte faciem à peccatis meis.

Scrutantem te quis sustinebit?

O Domine,

Cujus natura bonitas,

Cujus opus misericordia est;

Anticipent me misericordiæ tuæ.

Non sinit peccatorum moles oculos attollere,

Exuperet misericordia judicium:

Ad te confugio reus.

Donec exaudias pœnitentem,

Clamabo.

Cinquiéme & derniere Station.

Cantique en action de graces.

JE veux celebrer les merveilles
Que mon adorable Sauveur
A daigné faire en ma faveur ;
Vous peuples, prêtez les oreilles.

Un Dieu d'immense charité
Se montre à nos vœux favorable ;
Il invite un pauvre à sa table :
O Cieux quel excez de bonté !

Que cette coupe salutaire
Enferme de biens precieux !
Le Sauveur s'y cache à nos yeux
Sous une apparence étrangere.

Quinta & ultima Statio.

In gratiarum actionem Canticum.

AUDITE insulæ : & narrabo quanta fecit Dominus animæ meæ.

Paravit in dulcedine sua pauperi Deus : annuntiate cœli misericordiam ejus.

Hic calix inebrians quàm præclarus est ! in qua omnis plenitudo Divinitatis inhabitat.

Par mille cantiques divers
Marquons nôtre reconnoissance,
Et publions que sa puissance
N'a rien d'égal dans l'Univers!

Il meurt pour expier mon crime,
Je ne puis mourir à mon tour;
Ce cœur immolé par l'amour
Pourra tenir lieu de victime.

Que ce cœur l'ayme constamment,
Que dans une flâme si belle
Il prenne une force nouvelle
Pour brûler éternellement.

Ainsi soit-il.

Eructent labia mea hymnum : & dicant offa
mea, Domine, quis fimilis tibi?

Non datur æmulum fundere fanguinem :
Amor in ara cordis vicariam mactabit hoftiam.

Ardeat cor meum fupernis ignibus : vires
refumat in igne, ut femper ardeat.
Amen.

MOTETS
Chantez à Chartres à la Procession
DU S. SACREMENT
L'année 1693.
PREMIERE STATION.

VENEZ de toutes parts, venez, peuple fidele,
D'un agréable encens répandez les odeurs,
Parfumez la terre de fleurs,
Marquez à l'envy vôtre zele.
Vn Dieu puissant, un Dieu s'offre au milieu de vous
Il vient expier vôtre crime,
Et pour être le prix de tous,
Il veut en être la victime.

Dans son saint tabernacle entrez avec effroy :
Les Roys humiliez, dans le fond d'une étable,
L'ont reconnu pour leur souverain Roy.
Au pied de cét Autel auguste & redoutable
Peuples, prosternez-vous ; & des yeux de la foy
Contemplez, en tremblant, ce Sauveur adorable.

IN SOLEMNITATE
CORPORIS CHRISTI
MODULI

In Urbe Carnot. anno Dom. 1693 decantati

PRIMA STATIO.

EIA agite fideles,
Spargite flores ; date thura ; fundite odores,
DEUS ECCE DEUS
Stat medius inter vos,
Pro vobis hostia.
Pavete ad sanctuarium ejus.
Quem olim in præsepio
Adoraverunt Magi,
Pannis involutum ;
Nunc tremenda in ara,
Tenebris obductum,
Deum vestrum adorate.

H

SECONDE STATION.

MALADE infortuné ! quel sera mon
        recours ?
    Dieu ! quelle main puissante
      Viendra me donner du secours,
Et plonger dans ce bain mon ame languissante ?
    Je n'ose, helas ! je ne puis approcher,
      La charité d'un Dieu me presse,
A mes iniquitez rien ne peut m'arracher :
Le desir du salut que m'offre sa tendresse
      Etale envain tous ses attraits,
    Je cede à ma propre foiblesse,
Je demeure accablé de mes nombreux forfaits :
Hâtez-vous, mon JESUS, soûtenez mon envie ;
Vous estes mon espoir, mon salut & ma vie,
    Que mon cœur vous suive à jamais.

SECUNDA STATIO.

QUIS laboranti subveniet ?
Quis probaticum in fontem
Infirmum tandem injiciet ?
Accedere nec possum , nec audeo ;
Invitat charitas ,
Retinet iniquitas :
Urget oblatæ salutis amor ,
Impedit altæ miseriæ pondus.
Rumpe moras : sana infirmitatem ,
Potentissime JESU !
Tu fons ipse , tu spes , tu salus unica ,
Trahe me ad te.

TROISIE'ME STATION

DES plus vives douleurs mon cœur est agité,
J'ay peché contre un Dieu, pour qui seul je
soûpire,
Qui garde sur mon ame un souverain empire ;
Que je suis malheureux de l'avoir irrité !
Seigneur, dans mes ennuis, mon unique esperance,
Je te cherche en tous lieux avec impatience,
Une solide foy m'asseure que ton corps,
Pour nous donner tes biens en abondance,
D'un pain misterieux emprunte les dehors,
De tous mes sens les rebelles efforts
Ne peuvent de ma foy surmonter la constance :
J'ay pour témoins de ta présence,
De mon cœur enflammé les fideles transports.
Pardonne moy, Seigneur : mes amoureuses larmes,
Comme le sang d'un cœur que blesse un trait caché,
A ton juste courroux arracheront les armes,
Et sçauront effacer l'horreur de mon peché.

TERTIA STATIO.

ANIMA mea in dolore est.
  Peccavi in Deum, ad quem suspiro,
Amo quem offendisse doleo.

Vultum tuum, Domine, requiram,
Solamen mœrentis animæ.

Te, fide plenus, hac in hostia
  Præsentem confiteor.
    Quod renuunt sensus,
    Cor sentit interiùs.

Da fatenti reo veniam,
  Da, benignissime Jesu,
Lacrymis, tanquam vulnerati
Cordis sanguine, peccata diluam.

QUATRIE'ME STATION.

DIALOGUE.

DIEU.

PEUPLES, *pour m'écouter, qu'on prête les oreilles.*

LES CONVIEZ.

C'est la voix du Seigneur, voix feconde en mer-
veilles,
Voix qui porte en tous lieux la terreur & l'effroy ;
Elle forma du Ciel les beautez fans pareilles ;
Et la terre, en tremblant, en reconnoît la loy.
Pour l'écouter impofons-nous filence.

DIEU.

Vous tous, que les travaux jettent dans la langueur,
Vous, qui d'un poids trop lourd fentez la violence,
Venez, je vous rendray la force & la vigueur.
Venez goûter d'éternelles delices.

QUARTA STATIO.

DIALOGUS.

DEUS.

Audite quæ loquor.

CONVIVÆ.

Vox Domini, vox ipsa terribilis
& potens,
Quâ Cœli firmati sunt,
Quâ concussa tremunt fundamenta terræ.
Audiamus, quid loquatur nobis Dominus.

DEUS.

Venite ad me omnes qui laboratis,
Et onerati estis,
Et ego reficiam vos?
Venite ad mensam deliciarum.

LES CONVIEZ.

O termes pleins d'amour! nos cœurs en font touchez;
Mais le lien fatal des vices,
Nous tient, malgré nous attachez :
Qui peut nous affranchir? venez Sauveur aymable,
Délivrez-nous de nos pechez.

DIEU.

Je prête aux affligez un secours charitable,
Je prepare leurs cœurs à mes dons précieux;
Mon oreille à leurs cris est toûjours favorable :
Beuvez ce vin, mangez ce pain délicieux;
C'est ma chair, c'est mon sang qu'icy je vous
presente.

LES CONVIEZ.

Qui nous peut desormais arracher de ces lieux ?
Vos biens, Seigneur; vos biens surpassent nôtre
attente,
Vous êtes mort pour nous racheter tous,
Nôtre ame, à son Sauveur toûjours reconnoissante,
Veut dans l'eternité ne vivre que pour vous.

CONVIVÆ.

Ah ! mens rapitur,

Sed anguſtiæ nobis ſunt undique :

Quis nos expediet ?

Fac, bone JESU, fac quod jubes.

DEUS.

Deſiderium pauperum exaudiam miſericors,

Et præparans corda eorum, audiet eos auris mea.

Comedite panem,

Et bibite vinum,

Caro mea & ſanguis meus eſt.

CONVIVÆ.

Nihil ſeparabit nos ab altari tuo, Domine;

Urget infuſa à te charitas,

Ut tibi ſoli, qui pro nobis mortuus es,

In æternum vivamus.

Amen.

CINQUIE'ME STATION.

O Banquet falutaire ! ô miftere ineffable,
    Où brillent du Sauveur les effets amoureux,
Nous y fommes nourris d'une chair adorable,
    Qui fait trembler les bien-heureux :
O banquet falutaire ! ô miftere ineffable !
Mon ame, pour t'unir à ton Divin Sauveur,
Aporte, en l'aprochant, une fainte ferveur,
    Merite une vie éternelle :
Que mon cœur, délivré de fa vieille langueur,
    Nourriffe une flâme immortelle.

QUINTA STATIO.

O INEFFABILE Sacramentum,
In quo Deus effundit
Viscera charitatis suæ !
O salutare & adorandum Convivium,
In quo eâ carne nutrimur,
Quam intueri
Pavent Superi !
Conjungere Deo tuo, anima mea,
Ut crescat in novissimo vita tua,
Et mundo in corde,
Perpetuus nutriatur ignis.

Sixiéme & derniere Station.

CANTIQUE.

SEIGNEUR, vôtre bonté senſiblement me touche,

Tout l'Univers eſt plein de vos dons precieux ;

Je les veux, par mes chants publier en tous lieux ;

Soûtenez mes efforts, daignez ouvrir ma bouche.

　　　　　O Cieux annoncez à jamais

Le Chœur.　*Les biens qu'en ce ſaint jour le Seigneur nous a faits.*

Vous ne rejettez pas le pauvre en ſa miſere ;

Des celeſtes plaiſirs prévenant ſes ſouhaits,

Vôtre amour luy fait voir que vous eſtes ſon pere.

　　　　　O Cieux annoncez à jamais

Le Chœur　*Les biens qu'en ce ſaint jour le Seigneur nous a faits*

Sexta & ultima Statio.

CANTICUM.

IMMITTE in os meum canticum novum, Domine.

Misericordiâ tuâ plena est terra.

Chorus. Annuntiate Cœli
Misericordias Domini.

Exaudiisti patiens clamorem pauperis : & repletus est in bonis domus tuæ.

Chorus. Annuntiate Cœli
Misericordias Domini.

Sur cette aridité qui rend l'ame impuissante,
Vous versez le torrent de vos Divins attraits ;
Vôtre grace soûtient sa force languissante.

O Cieux annoncez à jamais
Le Chœur.   Les biens qu'en ce saint jour le
Seigneur nous a faits.

Vous conduisez mes pas sur de charmans rivages,
Où je pouray goûter les douceurs de la paix ,
On y trouve toûjours de fertiles herbages.

O Cieux annoncez à jamais
Le Chœur.   Les biens qu'en ce saint jour le
Seigneur nous a faits.

O mon Dieu ! rapellez un serviteur fidelle ;
Desormais le tombeau n'a pour moy rien d'affreux,
Vôtre gloire a paru : Dans la vie éternelle
Je verray combler tous mes vœux.

Vifitafti fterilitatem animæ ejus : & rore cœle-
fti recreata eft & inebriata.

Chorus. Annuntiate Cœli

Mifericordias Domini.

Nihil pauperi deerit amplius : in loco pafcua.
ibi eum collocavit.

Chorus. Annuntiate Cœli

Mifericordias Domini.

Nunc dimittis, Domine, feryum tuum in
pace.

Apparuit gloria tua : in æternum fatiabor &
vivam.

Amen.

POUR LE ROY
PRIERE.

SEIGNEVR, qui protegez les Roys;
Contre vos ennemis LOUIS défend vos droits;
Conservez avec soin ce Heros indomprable,
Dans le fond de son cœur il a gravé vos loix :
Son cœur est dans vos mains, soyez-luy favorable,
Ses vœux n'ont pour objet que vous,
Vous avez, dans vôtre couroux,
Fait sentir aux méchans son pouvoir redoutable.
Nous fremissons au recit des combats,
Où vous avez voulu vous servir de son bras.
Vos ennemis vaincus gemissent de leurs pertes;
Nous avons vû leurs tours sous la cendre couvertes,
Des plus audacieux il a puny l'orgüeil,
Leurs remparts renversez leurs servent de cercüeil.

PRO REGE

PRECATIO.

DOMINE, qui das falutem Regibus, falvum fac Regem noftrum.

Cor Regis in manu tua eft : & lex tua in corde ejus.

Exaudi vota illius : unum te requirunt.

Mififti formidinem nominis ejus in populos : quæ geffit in virtute tua, audivimus, & expavimus.

Fufi funt hoftes tui : gemunt everfis fub turribus conjuratæ acies.

Fractæ impiorum vires : conturbati funt montes in fortitudine ejus.

K

Les restes des mutins flattent en vain leur rage,
Peuvent-ils arrester un Roy Victorieux,
    Dont vous soûtenez le courage,
      Et qui combat pour la cause des Cieux?
Défendez un Heros, qui défend vôtre gloire.
      Qu'il soit par tout suivi de la Victoire;
Que son Trône fameux, qui soûtient vos Autels,
Ait toûjours pour appuy vôtre main immortelle.
Montrez pour ce cher fils une amour paternelle.
Vous l'avez distingué du reste des mortels;
      Que sa posterité nombreuse,
Fleurisse comme un lis que cherit le Soleil;
      Et qu'avec un succez pareil,
Elle puisse à jamais rendre la France heureuse.

Ainsi soit-il.

Bellabunt hostes qui multiplicati sunt, & non prævalebunt : quoniam in te sperat.

Conforta Virum dexteræ tuæ ad opera tua Domine.

Exaudi nos in die quâ invocaverimus te.

Solium ejus firmum erit jugiter : in quo recumbit domus tua.

Sis in patrem illi, quem posuisti primogenitum & excelsum præ Regibus terræ.

Sit semen ejus in sæculum sæculi : & florescat ut lilium ad coronam Galliæ.

Amen.

POUR LA DELIVRANCE
DE LA VILLE
DE CHARTRES
MOTET.

QUE Marie en nos maux prenne nôtre
défence :
Que ses fiers ennemis cedent à sa puiſſance :
Qu'ils ſoient tous diſperſez d'un ſeul de ſes regards :
Un vain eſpoir flatte leur rage :

On les a veus voler de toutes parts,
Et venir ravager vôtre ſaint heritage.

On les a veus comme un épais nuage
De ſoldats furieux entourer nos ramparts.
Ainſi que la tempeſte ils conduiſoient leurs charts,
Que devoit honorer nôtre triſte eſclavage.

PRO

LIBERATA URBE

CARNOTENSI

MODULUS.

EXURGAT MARIA : & diſſipentur inimici ejus.

Ecce venerunt gentes in hæreditatem tuam, ut polluerent Templum ſanctum tuum.

Ecce quaſi nubes aſcendunt : & , quaſi tempeſtas currus eorum.

Les craintes de la mort nous ont environnez;
Dê-jà de leur fureur objets infortunez,
Nous avons ressenty les horreurs du carnage,
    Où ces méchans nous avoient destinez.
Ne leur permettez pas le cruel avantage
De soüiller vos Autels, d'accabler vos sujets,
Qui sur vôtre pouvoir ont mis leur esperance.
Vierge sainte, venez. Que nôtre délivrance
    Détruise tous leurs vains projets.

    L'Etendart de M A R I E a chassé nos alarmes,
Il a de nos dangers dissipé les horreurs,
Fuyez, cedez cruels : que vos funestes armes
Ne servent qu'à punir vos aveugles fureurs.

Circumdederunt nos dolores mortis. Jam vastati sumus. Jam devorat nos gladius impiorum.

Exurge, MARIA, & vindica causam tuam.

Ne detur hæreditas tua in opprobrium : salvos fac servos tuos sperantes in te.

Vexilla MARIÆ prodeunt : fugite, cedite impij, fugite, cadite, occumbite, dissipamini.

AUTRE MOTET
POUR LA DELIVRANCE
DE LA VILLE
DE CHARTRES.

ARMEZ, peuples, armez vos bras.
  De nos fiers ennemis les nombreuses co-
  hortes
Environnent nos murs, s'emparent de nos portes:
Le carnage, & l'horreur suivent par tout leurs pas:
  Armez, peuples, armez vos bras.

Sommes-nous pour jamais hors de vôtre memoire,
Vierge Sainte. Venez défendre vôtre gloire!
Venez nous secourir? Dê-jà ces inhumains
Portent sur vos Autels leurs sacrileges mains.

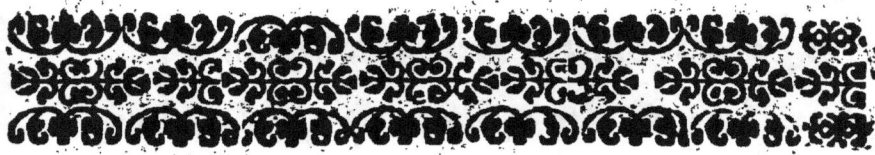

PRO
LIBERATA URBE
CARNOTENSI
MODULUS.

AD arma, Cives, ad arma,
Hostis habet muros,
Furit undique manus impiorum,
Horret latè strages;
Ad arma, Cives, ad arma;

Usquequò, MARIA,
Obliviscèris nòs?
Locum tuum defolaverunt impij;

L

Vos fidelles Sujets, privez de sepulture,

Des chiens & des oyseaux ont esté la pâture.

Dans nos maux soyez nôtre appuy,

De ces méchans punissez l'insolence ;

Que la terre aprenne aujourd'huy,

Que vous sçavez tirer vengeance

Du sang qu'a répandu leur jalouse fureur ;

Que des fers, dont ils ont opprimé l'innocence,

Ils ressentent toute l'horreur.

Nos vœux sont écoutez. Dieu prend nôtre défence

Nôtre ennemy reconnoît son erreur,

Confus, persecuté, vaincu sans resistance ;

Dans sa promte retraite il met son esperance ;

MARIE a de son nom répandu la terreur,

Chantons, célébrons sa puissance,

Qu'elle regne toûjours au fond de nôtre cœur,

Posuerunt carnes tuorum beftiis terræ :
Accendatur zelus tuus,
Difperde illos in ira tua,
Et innotefcat in gentibus
Ultio fanguinis qui effufus eft :
Pereant hoftes
In interitu quem fecerunt.

Audimur. Deus pro nobis.
En fugit hoftis,
Et ruit confufus :
Terror MARIÆ invafit eos,
Amemus eam,
Et viventes cantemus
Virtutes ejus.

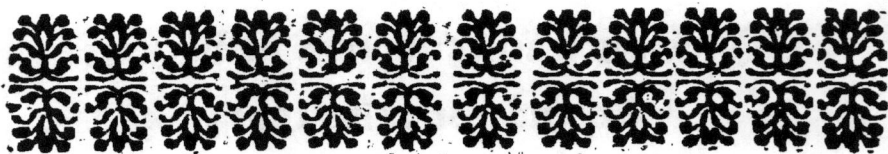

POUR

L'ENTRE'E SOLEMNELLE,

DE MONSIEUR

DES MARAIS

Evêque de Chartres,

MOTET.

O VOUS, *pour qui le Ciel prodigue ses bontez,*
  Ecoutez, peuples, écoutez :
On met dans son éclat une vertu profonde,
Qui se vouloit en vain cacher aux yeux du monde,
La lumiere en tous lieux épandra ses clartez,
  Ecoutez, peuples, écoutez.
Admirez le Prelat, que nôtre Dieu propice
  Donne à son Temple pour appuy :

ILLUSTRISSIMO

ECCLESIÆ PRINCIPI D. D.

PAULO DE GODET

DES MARAIS

RECENS INAUGURATO

Urbem & Ecclesiam Carnoten-
sem primùm intranti

MODULUS.

ATTENDITE, populi, & videte.
Manifestata est virtus abscondita;
Erigitur lumen è medio;
Attendite, pópuli, & videte
Quem unxit Deus in Principem Ecclesiæ suæ.
Coram illo semper ambulat.

L'aymable verité, la sévère Justice
      Vont toûjours devant luy.
Ses redoutables traits défendent l'innocence,
      Qu'à son seul nom fremissent les enfers :
Que le pecheur conçoive une juste esperance,
Il sçaura l'arracher de ses indignes fers,
Il sçaura des méchans reprimer l'insolence :
Que tous les défenseurs de la maison de Dieu
Eprouvent les transports d'une parfaite joye.
Et vous, digne Prélat, que le Ciel nous envoye,
Remplissez nos desirs, venez dans ce saint lieu
De la Reine des Cieux de tous temps l'heritage :
      Venez dans ces Antres fameux,
Qui des plus saints Prélats ont esté le partage,
Où l'on a veu briller leurs faits miraculeux.
Regnez à vôtre tour : que le Ciel favorable
      Y verse sur vous ses douceurs,
Que toûjours vôtre Regne ait un cours admirable,
Regnez sur nos esprits, & regnez dans nos cœurs.

        F I N.

Juſtitia & veritas ante ipſum
Præcedunt.
Sagittæ illius acutæ,
Fremat tartarus.
Gladio ſpiritus conteret hoſtem,
Speret peccator ;
Gaudeant quos urit zelus domus Domini,
Aſcende, Præſul à Deo electe;
Vocat te Deus in montem
Hæreditatis MARIÆ:
Antra ſubi, priſcis habitata Heroïbus,
Antra ſubi, clara miraculis & ſanctitate.
Deducat te Deus mirabiliter,
Proſperè procede,
Et regna cum amore.

FINIS.

PERMISSION.

PERMIS d'imprimer. A Chartres ce 2. May. 1693.

NICOLE. BEURIER.